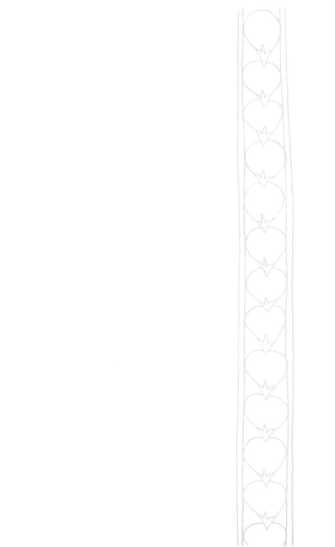

1 ♈

ISHII
YUKARI

石井緣

# 牡羊座

# ARIES

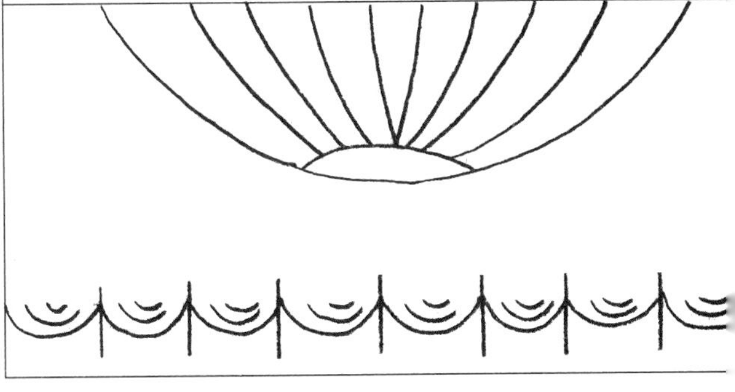

**作者／石井緣（Ishii Yukari）**

作家。撰寫星座相關訊息與散文，以獨特的文體在不分年齡層的讀者間擁有高人氣。

二〇一〇年設立網站「鍛鍊肌肉」（筋トレ）。充滿情感的文章說明每年與每周的十二星座占卜，點擊率高達七千二百萬人次。

二〇一二年所出版的「十二星座系列」（WAVE出版）銷售超過一百二十萬冊。

另著有《禪語》（PIE International）、《獻給所愛的人》（幻冬社Comics）、《讀夢》（白泉社）等作品。

## 譯者／陳令嫻

輔仁大學日本語文學系、東京學藝大學研究所畢業，專攻平安朝女流文學，碩士論文為「《更級日記》における夢」（《更級日記》中的夢）。興趣廣泛，舉凡日本古典文學中的夢到「婚活」、日本社會中的外籍勞工均有關注。譯有《神的記事本1》（角川書店）、《向日葵爸爸》（博漫）等書。現居日本，身兼主婦、外語部門編輯、譯者和生活觀察家數職。

# 石井緣的星座定義

本書說明占星術中定義爲「牡羊座」的人是什麼樣的人。

有人聽到「十二星座占星術」，就會反駁：「人類的個性怎麼可能只有十二種！」人類個性的確無法如此簡單分類。

但是十二星座其實不是單純的「十二種個性分類」。

占星術認爲除了人類之外，一切事物都能以星座與星體來說明。例如手機具備水瓶座與雙子座的特性；寶石屬於金牛座；小麥隸屬處女座，所有物品都分屬不同星座。十二星座就像十二個國家，所有事物都分別誕生於十二個國家，屬於各國的成員。

就算是同一國的國民，每個人的個性都截然不同。然而站在外國人的角度觀察時，還是會發現共通的民族性。一樣是日本人，大家的個性都不相同；但是外國人觀察日本人時，就會發現不可忽略的「日本人特徵」。

這本書舉出牡羊座的個性、好惡和種種特徵。讀者看了之後可能覺得有些部分符合，有些部分卻不符合。這是因為占星術雖然使用十顆星體分析，所謂「我是牡羊座」卻單指「太陽星座」的部分。無視於其他九顆行星，僅僅分析「太陽」的部分當然有時會讓讀者覺得並不吻合。就像分析「日本人具有這種傾向」，也不見得每個日本人都符合如此說明。

然而太陽畢竟位於太陽系的中心，也是太陽系中最大的星體。因此隸屬相同太陽星座的人，還是擁有許多共通點，也可說是具備相同的結構。

思考構造對於分析自己與他人的相異處非常有效。每個人都具備與他人不同之處。正因爲人人有所不同，每個人都有自己才能肩負的使命。

## ★星座的交界★

太陽每年都會在同一時期進入相同位置。因此只要生日一樣，就算年齡不同也都屬於「牡羊座」。但是出生於星體移動交界處的人卻不盡然能以此種方式定義星座。

出生於交界處的人可以根據出生年月日和時間，確認自己的太陽星座。請參考本書最後的太陽星座查詢表。

# Contents
目錄

牡羊座

# 牡羊座的風景

牡羊座是十二星座當中第一個星座。

因此，牡羊座具備「率先」的力量。

雖然許多人都秉持和其他人同調就沒事的想法，牡羊座的人卻是一出生就具備率先衝鋒的勇氣與力量。

有些占星書會用「領袖氣質」一詞說明牡羊座的特徵，我卻覺得和牡羊座的印象不是很符合。

牡羊座雖然能在群體中率先採取行動，可是應該沒有意思要「帶領大家前進」。這一切不過是因爲牡羊座坦率地衝向自己想去的地方而已，牡羊座的人會非常誠實地遵從自己心裡的渴望。

從旁人眼光看來，牡羊座率先行動的力量，顯得非常有力又值得信賴。因此牡羊座常會發生等到自己注意時，已經有許多人跟在身後行動的情況。

牡羊座的人並不覺得自己格外「充滿活力」。因為其意識總是注意外界，從未想過要和他人比較。所以就算有人對牡羊座說：「你眞是充滿活力！」，他們也只會覺得不明所以。這是因爲他們以爲所有人的感覺都跟自己一樣。

但是，不管從哪個角度看來，他們都充滿活力。

以前我曾經收到一封信，內容是讀者懷疑自己是否眞的是牡羊座。信中充滿熱情，直接認眞地表示他覺得占星術的說明才有問題。深色墨水的文字有稜有角，充滿氣勢和透露憤怒，文字更長達三張信紙。

這種熱情直接的質疑簡直就是「牡羊座的特徵」！比較占星術的說明和自己的感想之後，覺得自己才是正確的一方，在於牡羊座具備如同火一般純粹的自我肯定能力。個性不如牡羊座強勢的星座在占星時，可能會覺得：「大概是我的感覺錯誤」或是「也許我真的有那種面向」。正確來說，這種直接面對占星師表達：「我認為占星術不準，占星術是錯誤的！」的挑戰行為只有牡羊座的人才辦得到！

牡羊座的特徵是速度、熱情、逃離侷促空間的意志、自我肯定的能力、競爭意識、挑戰精神、喜好危險、重視成敗、直覺、不耐煩、囉嗦、熱中與偏向男性的態度。

居住於牡羊座世界的一切，也都具備這些特性。

# 牡羊座的分類

十二星座又分爲好幾個象限。

牡羊座的特性可以藉由所屬的象限定義，也就是可以透過分類瞭解：「牡羊座與其他星座究竟哪裡不一樣」。

首先，十二星座可以用「四季」區分。由於占星術誕生於北半球，四季的時間與台灣相同。牡羊座在春夏秋冬當中，屬於「春天」的星座。

溫暖的空氣當中，充滿新鮮的溼氣。牡羊座、金牛座和雙子座屬於春天星座，其中又以牡羊座代表春天最爲鮮明的開端，也是象徵春天這個季節命名爲「春天！」的瞬間。

因此牡羊座意味春天初始的新鮮、稚嫩、剛出生的事物所具備的透明純粹與簡單。

此外，十二星座又包含古代希臘世界「四大元素」的思想。四大元素分別是火、土（大地）、風（空氣）和水。

火代表如同閃電的「直覺」；土代表接觸實際事物的「感覺」；風代表處理關係的「思考」；水代表連結人與人的「情感」。

牡羊座在此當中屬於火象星座。

火象星座具備攻擊性與慾望，重視成敗；擁有男性般的活力，象徵勇於前往未知的世界與危險地點的力量。

十二星座又可分爲「白晝星座和男性星座」與「夜晚星座和女性星座」。牡羊座屬於「白晝星座和男性星座」。

男性特質在心理學中代表「邏各斯」，意指邏輯、分析思考的能力與如同開拓荒野般挑戰未知世界的力量。女性特質在心理學中代表「厄洛斯」，意指統合、連結、同化的世界。

順帶一提，此處的「男性星座」與「女性星座」和文化上的「男性特質」與「女性特質」有些許不同。舉例而言，男性星座的力量類似「專家、縱向關係、成果主義」。習慣切割一切並予以分門別類，確認個別的責任所屬。雖然充滿效率和挑戰精神，但是只憑僵化的規定前進也會讓世界疲乏，失去生命力。

女性星座的力量代表「通才、管理、絕對評價」的世界，也就是統整事物、擴張橫向連結與整體思考的能力。牡羊座在這種二分法當中屬於「男性星座」，具備邏各斯的能力與邏輯分析開拓的能力。

占星術是以「類似」的分類方式理解世界的系統。

因此「牡羊」這個名稱本身具備非常重要的意義。十二星座當中屬於四隻腳步行的動物形象的星座一共有五個，除了牡羊座之外還有金牛座、獅子座、射手座和摩羯座。

當中又以牡羊座、獅子座與射手座這三個星座，充滿強勢前進的力量，說明牡羊座時總會提到速度與前進也是因此而來。

雙子座、處女座、天秤座與水瓶座等星座中都有「人」的形象，所以視爲較有禮貌。至於牡羊座等以「動物」代表的星座基本上不太在意形式與禮節，多半眞誠坦率。這種說法對於牡羊座雖然有些失禮，卻也同時代表著牡羊座的人多半具備熱忱的眞心，厭惡虛偽的禮節。

## 屬於牡羊座的地點

牡羊座代表以下幾種「地點」。

羊或小型家畜吃草的地點，或是原本是牧地的地點。

沙地、丘陵地。

城鎮中人煙稀少的地點。

剛開發的土地或是未經人類開發的土地。

牡羊座喜歡戶外活動。但是目的地不是開發完善的營地，而是幾乎沒有人爲痕跡的地點。

紅磚堆砌的房子、水泥建築。

上述地點都是未經裝飾與保護的原始環境、保持原樣的地點、具備火或生物的生命力的場所。這些地方都隸屬牡羊座的管轄。

這些地點也許可以喚起牡羊座的人「原本的力量」。

牡羊座的人如果一直待在充斥人工裝飾的地點，恐怕會變得非常鬱悶。

# 屬於牡羊座的顏色

牡羊座的顏色是紅色、鐵鏽的顏色與混雜紅色與白色的顏色。

充滿氣勢的印象與鮮明的顏色強烈表示牡羊座的內在。

## 其他屬於牡羊座世界的事物

戶外、犬類、刀子、營火、皮靴、西部牛仔帽。

車子、少年、牛仔褲。

白晝明亮的光線、球鞋。

憤怒、熱中、沙子、煙囪、火爐、玄關。

直接、銳利、運動等等。

具備明亮、堅強或速度的事物。

活潑年輕的事物。

簡單純粹的事物。

男孩子氣、印象強烈的事物、流行的事物。

未經保護的事物、勇者。

牡羊座的人就算身著再短的迷你裙，也不會讓人覺得情色。

這是因爲你的世界中沒有一絲「討好」。

這一切都是牡羊座國的國民。

屬於牡羊座的你也和它們住在同一個國家。

## 牡羊座的價值觀

牡羊座的價值觀非常直接。

善惡與成敗構成基本的價值觀，所有事物都講求黑白分明、好惡清楚。

簡單的價值觀中充滿熱忱，具備絕不虎頭蛇尾的氣勢。

牡羊座的人對於自己喜愛的事物會拚命鑽研，沒興趣的事情連看都不看一眼。但不太會否定自己不喜歡的事物，單單是因爲「沒興趣」而無視。就算遇上喜歡奇怪事物的人，也能秉持積極的態度接受對方。

牡羊座的人相信並直率地維護自己的價值觀，卻不會將自己的價值觀強加於他人身上。如果發現自己與他人的價值觀不同，也只會感到驚訝而不會想要同化對方。
　這份直率正是牡羊座絕大的魅力。

　如果覺得某項事物很好，牡羊座的人就會忘我地投入。毫不在意「自己是否適合」或「他人怎麼想」，筆直地朝自己喜歡的世界前進。當沉醉其中時，不會反省或客觀地觀察「埋頭苦幹的自己」。
　牡羊座的人對於自己秉持的「能力」懷抱自信，自尊心強。但是缺乏纖細的自戀情結，不會迷戀、沉醉於其他人眼中的自己。
　美麗、強壯、正確、閃耀。牡羊座的人以無垢的心靈熱愛這類的事物，並且生活於其中。

## 牡羊座的行爲模式

牡羊座的人坦率遵循自己的渴望。

因此如果沒有想做的事情就會一直怠惰，只要一有想做的事就會忘我地投入。不會否定其中一方，而是接受兩種面向的自己。

雖然牡羊座富有決斷力，卻不會勉強自己貼近某種理想的類型。同時也不會在沒有幹勁時鼓舞自己，可能會徹底沮喪和懈怠。但是只要找到「前進的方向」，牡羊座就能毫不猶豫地筆直前進。

因爲牡羊座十分在意勝負，會爲了「勝負」而努力。如果察覺反抗或挑戰的氣息，就會爲了戰勝對方而強烈辯駁；激烈爭執之後卻不會留下陰影。牡羊座的才能就是情緒激昂之後並不會記恨。

由於牡羊座可以一直投入喜愛的事物或沉浸在快樂的時間，因此不太在意周遭的氣氛。聊到興頭上會說個不停，也不太在意回家的時間。雖然態度和行爲模式活潑快速，只要埋首於喜愛的事物就會完全忘記時間與周遭的情況。

因爲牡羊座的人肯定自己的存在，無論何時都不會恐慌，總是保持落落大方的態度；就算覺得緊張也不會覺得露出緊張的表情很可恥或是刻意隱藏緊張的情緒。這點相當受到周遭喜愛。

## 牡羊座 Tips

牡羊座具備逃脫死亡的生命力。

因此和速度有關的事物、嶄新的事物、強大的力量和逃脫死亡的果決力量都是牡羊座的同伴。接觸這些事物的時候，牡羊座的人就像和好友相處一般自在，能自然發揮自己的優點。

純真活潑的動物，特別是充滿生命力的小狗和小貓，可能會讓牡羊座的人覺得格外親近。此外，牡羊座的人還容易受到運動選手或是業界的先驅所吸引。「打倒強敵的人」、「無敵的強者」和「打敗古老體制的人」，都是牡羊座心中的英雄，也會直率地憧憬這類人物。

牡羊座的人對於辛苦後戰勝的故事能產生強烈的共鳴，對努力不懈和不斷奮鬥的人也特別容易感動。雖然容易感動和興奮，但是對象並非苦戀或悲劇的結尾，而是辛苦奮鬥後終於獲得成功的故事。

關於穿著方面，不在意的牡羊座女孩會穿得很男孩子氣或樸素簡單。喜愛流行的牡羊座的人並非喜歡自己打扮之後美麗的模樣，而是迷上流行這個領域，把自己當作櫥窗裝飾。與其說是喜歡穿著時髦，更像是藝術家把自己當作一部作品經營。體現流行的方式並非自戀地打扮，而是以創意與熱情經營。

牡羊座的人擅長運用大膽強烈的顏色與形狀、一望即知的形象與巨大的裝飾品，不會發生「衣服穿人」的問題。由於牡羊座女孩沒有討好男性的性感，會因爲「有趣」而嘗試無視於女性特質的打扮。有時候甚至會重視醒目勝於受異性歡迎。

# 牡羊座厭惡的事物

牡羊座的人厭惡強制、束縛、命令，特別是失敗；不但討厭單方面的決定，無法單獨自由行動時更會感到非常侷促。

由於牡羊座的人喜歡直接，不擅長與愛挑剔和耍心機的人相處。此外也厭惡做壞事和結夥欺負他人的人。但是如果太想獲勝，也會突然變得「不擇手段」。

牡羊座的人有趣的地方在於「厭惡的事物」單純只是「不擅長、無法接受的事物」。大多數的人會蔑視與認定「厭惡的事物」爲惡，但是牡羊座的人不會覺得自己厭惡的事物是「錯誤的存在，所以只好討厭它」。

大多數人厭惡的理由是「在厭惡的對象中看到自己的存在」，

但是牡羊座多半是因爲「自己心裡有厭惡對方的想法」。厭惡的原因在於自己的個性討厭對方，而非對方引起自己厭惡的感覺。厭惡的對象本身並沒有錯。

但是牡羊座的人會徹底否定與憎恨舞弊或犯罪。由於打從心底完全「絕不諒解」和「無法理解」，所以要等到怒氣平息很久之後，才會想到要「酌情思量」。

牡羊座在十二星座當中最具有正義感，好就是好、壞就是壞的感覺也比其他星座強烈。

## 讓牡羊座自在與侷促的地點

大多數的牡羊座喜歡出門勝於待在家裡。他們通常喜歡戶外活動，人煙稀少的荒地更勝設備完美的營地，享受開放感，同時也喜歡流行的觀光勝地和人氣店家，會隨意探訪。

牡羊座對於遊玩非常積極，就算是去看球賽等非常壓縮時間的「短暫旅行」也在所不辭。雖然牡羊座會抱怨不佳的食物與設施，但是卻不會神經質到無法忍受。儘管口頭上不饒人，卻具備可以輕鬆忍耐的堅忍精神。

但是牡羊座容易陷入某種環境的「恐懼症」，例如幽閉恐懼症或是懼高症等特定條件的恐懼症。平常雖然勇敢隨和，卻可能因爲突然發出哀嚎：「我就只有這個不行！」而讓大家大吃一驚。

## 當牡羊座戀愛時

牡羊座的人談戀愛非常直率誠實。喜歡自己主動追求別人，一點也不被動；由於總是非常清楚自己的心情，因此當對方的態度曖昧不明時就會非常苦惱。基本上個性急躁，容易焦躁不安。

牡羊座的戀愛容易陷入「競爭」。有時並非眞正的戀愛，只是想要「贏得對方」，或是想要比朋友更受歡迎而戀愛。由於不是眞正喜歡對方，會不斷更換對象或是重覆愛情來得快也去得快的模式。有時候甚至會因爲喜歡「開始的感覺」，而迷戀剛開始談戀愛的興奮心情。

但是因爲牡羊座的本性非常純眞，陷入眞正的戀愛時會一心一意愛著對方。但也具備越是喜歡對方越是容易吵架的奇妙特性。對方遭受攻擊時能犧牲自己保護對方，但是平常卻非常享受和對方拌嘴的樂趣。牡羊座是談戀愛時像小孩子一樣越吵感情越好的星座。

# 當牡羊座沮喪時

沮喪的牡羊座會讓周遭的人非常不安，他們無法爲了讓身邊的人安心而假裝心平氣和。此外，也不會勉強自己振作。就連停滯低落的時候，也是一頭陷入自己的情緒。周遭的人看到牡羊座如此垂頭喪氣的模樣也會感到十分擔心，覺得他們可能再也無法振作。

但是牡羊座邁向目標或是進行激烈競爭時，又會展現驚人毅力。無論是多麼激烈的打擊也毫不頹喪，充滿力量。然而一旦失去「戰鬥對象」和「前進目標」，牡羊座的人就會茫然若失，毫不勉強自己。「毫不勉強自己」這一點正是讓大家不安的原因。

但是牡羊座與生俱來的能量使其長期陷入低潮。失去目標而茫然的期間彷彿關上開關的電燈，只要時機一來就會像按下開關「突然」發亮。不會緩緩地恢復，而是展現瞬間衝鋒陷陣的氣勢。

牡羊座肯定自我的個性就連沮喪時也表露無遺。因為可以完全「原諒」陷入低潮的自己，所以沮喪時徹底沮喪，振作時徹底振作。

一般人在「沮喪」或「身處逆境」時會對占卜產生興趣，可是「低潮時」的牡羊座會完全喪失屬於「牡羊座的特質」。平日的活力消逝殆盡，失去行走的意志。其實「活力徹底消失殆盡」也是牡羊座的特質之一，但是說明牡羊座的文章幾乎都忽略了這點。

所以當牡羊座的人沮喪到接觸「描述牡羊座的占星術」時，就會覺得「我才不是這樣，占星術一點也不準」。有些人還會對占星師坦率地表達感受：「我的個性和占星術的說明一點也不符合，所以我不是牡羊座吧？」能夠落落大方表示「意見不同」正是明顯的「牡羊座特質」，但是本人卻無法察覺這一點。

其實十二星座當中「懷疑占星說明」的往往就是牡羊座的人。摩羯座和天蠍座的人，雖然也會表示「自己與星座的說明不符合」，但是往往是出自厭惡摩羯座和天蠍座的印象而有所抱怨。

牡羊座和摩羯座與天蠍座的人不同，只是單純覺得「自己沒有氣勢、競爭心理與領袖氣質」。這是因爲牡羊座不常和他人比較，經常注意外界而非自省內心。

牡羊座的人總是朝外界奔跑，當外界缺乏吸引的時候，就會停下腳步。古代占星師馬尼利烏斯對於牡羊座單純的行爲模式曾經簡潔地說明：「牡羊座只是遵從本身的意志。」

# 讓牡羊座發揮才能

沒有人比挑戰困難時的牡羊座更加閃耀。

牡羊座的人不喜歡「輕鬆完成」的事物。壓力越大，越有幹勁。但是結果必須是所有人都清楚明白的「勝利」形式，當目標是任誰都能一望而知的勝利果實時，牡羊座就能發揮所有力量。

牡羊座的人充滿行動力，意志清楚，喜好也很明顯。

牡羊座的人雖然喜歡領先群衆，但是所謂的「領先」並非「帶領群衆」，而是馬拉松等比賽的「領先群雄」之意。結果因爲直率強勢的態度和速度獲得衆人的信賴，最後站上領袖之位。牡羊座的人經常在追求個人勝利時，不知不覺成爲追求群衆勝利的旗手。

牡羊座的人經常不在乎前例，只相信自己的感性；因此無論在哪一個領域都不是「主流」，而是採取「異端」的行動。厭惡埋沒於衆人之中，毫不畏懼追求自己的做法。十二星座當中最爲勇敢與大膽的正是牡羊座。不在乎受傷，喜歡追求嶄新的事物。但是由於不在乎細節，因此需要輔助的夥伴。此外，還需要能夠坦率給予忠告的同伴。因爲主張意見時非常強勢，如果對方的精神不夠強韌便無法提出忠告。

另一方面，牡羊座的人非常擅長「誇獎別人」。因爲牡羊座的人不會花言巧語，而是熱情地表達自己直率的感動。對方聽了自然會打起精神。他們的讚美不是令人厭惡的恭維，而是充滿眞心的熱情。接受讚美的人也不會扭曲牡羊座的意思。

有時候我們會說某人的話爲我們「帶來勇氣」，牡羊座的讚美的確能爲對方帶來許多勇氣。東方人一般都不擅長讚美，但是牡羊座的人卻不在此限。能夠將自己「眞心」的讚賞直接傳遞給對方，這份眞心有時甚至能夠改變對方的人生。

此外，牡羊座的人可能因爲具備戰鬥的精神，因此非常擅長於「挨罵」。雖然比誰都在意勝負，自己有錯時卻意外地坦率，不會因爲「挨罵」而失去自我。如果對方的批判有錯，也能有力地回應，不會因此而輕易沮喪。

大多數的人會因爲遭到非難與批評而心情低落，牡羊座的人卻不會發生此種情形。不會因爲遭到否定而受傷。但是讓人傷心或失望時，如同火焰般旺盛的情緒就會像淋了水一樣。水代表「情感」，會削減牡羊座的力量。

但是如果只是遭到批判或斥責等邏輯性的語言攻擊時，火焰就會如同受到「風」吹一般更加旺盛。

當然如果風勢過強，有時候會把代表意欲的火焰吹熄。

牡羊座基本上是非常擅長挨罵的人，因爲他們具備澄明的精神，正因如此，不會因爲多餘的曲解而難過，高傲的自尊也不會因此受傷。

牡羊座純粹透明的心靈能坦率地接受正面的斥責，而不會受到負面影響。

## 牡羊座失敗的傾向

對於勝利的渴望是引導牡羊座邁向成功的最大動力，但是對於勝負的執著也正是失敗的起因。過度渴望成功，因此無法客觀觀察周圍和過度樂觀。

此外，因爲牡羊座的人不會輕易氣餒，無法對容易洩氣的人產生共鳴，經常因此傷害雙方。由於沒有察覺對方纖細的心靈，隨口說出的一句話而造成雙方歧見。牡羊座的人不會記恨，不會注意到對方一直持續負面的情緒。

由於過度在意形式上的「勝利」，有時甚至會發生「贏了面子，輸了裡子」的情況。例如贏了口頭上的爭執，卻失去重要的客戶。無法等待和過度急躁也是牡羊座的弱點。因爲急著拿出成績，想要趕快知道答案，反而失去重要的事物。

另一方面，由於十分肯定自我，有時會過度悠哉。例如錯過交件和約定的時間還覺得「不過是給大家添一點麻煩而已」，因而打亂群體的節奏，激怒部分人士。和神經質的對象共事時，必須特別注意。

發自競爭心而追求某些事物時，有時反而會拋下好不容易得手的事物。由於原本的個性就是「來得快也去得快」，缺乏持續的毅力，經常會深切後悔「當初多堅持一點就好了」。

缺點和優點往往是一體兩面，這一切也都是牡羊座長處的反面表現。水和火也是一樣。所謂的「能源」如果使用失當，就會造成災害。沒有火就無法生活，但是使用不當就會造成火災。上述的「失敗」都是牡羊座的力量所容易導致的「火災」。

## 牡羊座魅力和體質

十二星座分別象徵不同的「身體部位」。

牡羊座負責的部分是「頭部」。

戴帽子和重視髮型等強調頭部的打扮能凸顯牡羊座的魅力。

牡羊座多半具有頭部或頭髮的特徵，例如明明是東方人卻不是黑髮，而是偏紅的髮色，或是髮量非常豐厚。這樣的頭部或頭髮往往也是牡羊座的魅力。

關於健康方面，疲勞和壓力往往會造成頭痛。

由於牡羊座的人比他人更有活力，容易勉強自己，必須注意突發的身體不適。

## 支配牡羊座的星星

支配牡羊座的星星是「火星」。火星是「馬爾斯」，也就是戰神。火星代表攻擊性、男性特質、野心、武器、燃燒、切割、競爭、鬥爭、速度、外科手術、老鷹或隼等猛禽類。

牡羊座的人不分男女都具備如同男性般的乾脆。最符合「心直口快」一語的就是牡羊座的人。

## 牡羊座的神話

牡羊座有好幾則相關的神話，以下是其中一則神話。

色薩利國王有兩個孩子。

這對兄妹遭到繼母忌恨，繼母計畫趁祭典時將兄妹作為獻給神明的祭品，以便光明正大地解決兩人。

兩兄妹的生母是雲的精靈，知道此事後向宙斯求助。宙斯知道後派遣自己的兒子荷米斯帶著會飛的金羊，前去幫助兩人。逃跑途中，妹妹從羊背上掉落海中溺死。哥哥雖然悲傷度日，但是身爲神明使者的金羊爲他打氣，將他送到安全的國度。

欺負甚至打算殺害繼子的繼母。
危險的逃亡路程中死亡的妹妹。
這個故事處處充滿人生不可避免的最大災難——死亡。人類出生之後總有一天必須面對死亡。有些人得以壽滿天年，有些人卻因爲突如其來的疾病或意外而失去生命。死亡就像四處張大嘴巴，等待人類墜落的陷阱。
這個故事中不可思議的是死亡總和女性有關。母親、妹妹等女性總是貼近死亡，這是因爲死亡象徵「吞噬人類」之意。女性的性器包容男性的性器，代表新生命的嬰兒也是來自女性的腹部。女性身體中的空洞象徵黑暗，連結生命源頭的死亡世界。這種幻想自古以來深植人心。心理學的術語稱爲「大母神（吞噬的母親）」，死亡吞噬人的生命，象徵削弱人類的力量。

女性代表誕生的豐饒與生命力，同時也象徵「生命原本存在的世界」，也就是死亡的世界。

人類恐懼死亡，厭惡死亡。

但是人類同時也感受到死亡的魅力，深受死亡吸引。

鬼故事、鬼屋、科幻電影和恐怖電影等等衆多的例子，就是人類對於死亡充滿興趣的證據。每天的新聞大篇幅報導殺人事件和死亡意外，並非單純因爲這類事件比較「重要」，而是因爲播放這些新聞可以提升收視率，也就是有這麼多人「想看」其他人的死亡。如此繁多的「死亡」，每天籠罩所有媒體。

除了「死亡」，人類對於許多事物都抱持厭惡但又深受吸引的態度。例如舞弊、謊言、怠惰、欺瞞、僞善、附和、淫蕩、依賴、諂媚、嫉妒等等醜惡的事物，雖然被視爲醜惡，卻依舊吸引人類接近。

但是金羊卻使盡全力逃出隱藏於日常生活中溫暖黑暗的地底世界，這就是「牡羊座」的形象。

邪惡與死亡具有強烈的磁力，自然吸引人類靠近。但是金羊卻使盡全力，逃脫邪惡與死亡的磁場與重力圈。逃離伴隨危險，但是金羊抬起頭、甩動角，散發金色的光芒，打破黑暗前進。

牡羊座因而被視爲強勢、快速、直腸子、好勝和正義感強烈的象徵。

這些力量都是生命逃脫死亡引力的力量。

剛出生的小嬰兒散發生命力純粹的光芒，但是如果不細心加以照顧就會輕易地死去。死亡具備如此強大的力量，小嬰兒剛出生時的大聲哭喊也許是告別死亡世界的宣言。

我認爲牡羊座的熱情來源就是打破乘隙攻擊人類、打算吞噬人類生命的黑暗力量。

# 牡羊座名言

「我想用紅色和綠色表達人類激烈的熱情。房間的顏色是彷彿鮮血的紅色和深黃色，中間是綠色的撞球檯。橘色和綠色的光芒包圍四個檸檬黃的照明。紫色和青色的陰鬱空闊房間和打瞌睡的年輕人等一切，都和迥然不同的紅色與綠色形成對比和衝突。例如鮮血般的紅色和撞球檯的黃綠色就和擺放玫瑰花束的吧檯所呈現的路易十五風格的柔和綠色形成對比。

看店的老闆位於火熱氣氛的角落，肌膚從白色化為檸檬黃與明亮的淡綠色。」

（《梵谷家書（中）》，岩波文庫／文生・梵谷／伊之助譯）

這是畫家梵谷對於自己的作品「夜晚的咖啡廳」的說明。梵谷是牡羊座的畫家，留下許多充滿熱情的作品。

他想透過強烈鮮明的色彩表現「人類激烈的熱情」，而他的人生也是如此波濤洶湧。貧困與疾病不曾削弱他對於繪畫的熱情，打消他對藝術與自然之美的感動。他總是盡全力感動，盡全力憤慨，盡全力繪畫。他雖然長期以來期待與高更同居，正式同居之後卻又發生人際關係的問題。結果因為一時激動而割下自己的耳朵，送給相好的妓女作為「遺物」。舉槍死亡一事雖然分為自殺說與他殺說，但也是突發事件。他的一生可以說是發自自己的激情而活。

他對於其他畫家的畫作也是一樣。看到美麗的作品便盡全力感動，毫不吝惜讚美。但是覺得無法評論的作品就乾脆地表示「無趣」。他的評論總是黑白分明，純粹坦率。

閱讀他所留下的書信，就會深受他的純粹與激昂所吸引。

他看起來總是在戰鬥。

甚至讓人覺得戰鬥本身就是他的生活，戰鬥並非要戰勝某人或反抗。梵谷的戰鬥看起來像是燃燒生命，燃燒關於理想與美的激情。

# 牡羊座與其他星座的人

「配對」是占星不可或缺的主題。

經常有人詢問我關於各種星座之間的配對問題，例如：「牡羊座眞的和摩羯座最不合嗎？」「牡羊座和天秤座無法順利交往嗎？」

我不認爲雙方「相配與否」可以靠星座組合來決定。考慮星座的配對在於「共通點」與「相異點」。具備共通點固然可以促進理解，但是有相異點才能彼此互補。相似有時會覺得無趣，但是相異可能會導致完全無法理解對方。光憑相同或相異無法判斷兩人「交往是否順利」。

人類有時會認定他人與自己相同，因此當對方和自己行爲不同時會產生「無法理解」的心情。但是如果能瞭解對方和自己具備不同的特徵，就能消弭無法理解的誤會。覺得自己「和對方不合」或「無法理解對方」而憤慨的人，有時會重覆如同「貓不能學狗叫」或「烏龜無法跑得像兔子一樣快」的無理意見。因此只要能夠理解對方和自己的差異，「配對」合適與否也會因而改變。

當然有時候可能是生理上就是無法接受。然而單就「星座」的角度討論的話，我認爲如何理解與運用共通點與相異點有助於改善人際關係。

希望大家瞭解以上的前提後，再來閱讀牡羊座的人與其他星座具備哪些共通點和相異點。個性相同表示價值觀相近，彼此容易相互理解。但是可能因爲個性一致而覺得乏味，或是反而凸顯對方的缺點而生氣。

相異點居多的話容易吸引彼此接近，也因爲互補作用而適合同行。但是如果不先理解彼此的「相異點」，就無法享受互補的優點。如果覺得對方必須照自己的想法行動，就會覺得對方像外星人一樣難以瞭解。

**金牛座**和牡羊座相較之下，兩者的相異點清晰可見。金牛座的人行動沉穩，基盤穩固。牡羊座是「衝刺」的星座，金牛座是「品嘗」的星座。牡羊座的人遇上金牛座的人會深感對方與自己的不同，有時候會因此深受吸引，但有時也會覺得「絲毫無法理解」。

**雙子座**的人對於牡羊座的你而言，因爲兩人「個性都很容易興奮」而能互相理解。

彼此都喜歡新奇的事物，加上好奇心旺盛，不管到幾歲都能維持年輕的感性，聊天也很合得來。兩人行動也很積極迅速，可能會經常一起出遊。但是雙子座比較缺乏「熱情」，牡羊座可能會覺得雙子座的人沒有主見和輕待事物。雙子座是「在意周遭氣氛」的星座，和「以自我爲中心」的牡羊座不同。牡羊座可能會受到雙子座柔軟知性的帥氣所吸引，也可能會覺得有點乏味。

**巨蟹座**的人之於牡羊座的你而言，兩者熱情的部分很相似。雙方都具備容易興奮的個性與充滿活力的行動力，一起行動時如虎添翼。此外，由於兩者個性迥異，如果能瞭解彼此差異，可以形成良好互補關係。但是巨蟹座的人非常纖細，容易受傷。牡羊座由於不會輕易氣餒，言行與態度上可能會不知不覺傷害對方。想和巨蟹座的人和平相處，必須讓對方理解自己沒有惡意和重視對方的情緒。

**獅子座**的人基本上和牡羊座的價值觀非常相似。充滿熱情，肯定自我，喜歡享樂。但是獅子座的人行動較爲緩慢，難以決定。當牡羊座已經因爲瞬間的感動而行動時，對方可能還在拖拖拉拉地考慮。牡羊座可能會因爲對方遲緩的行動而感到煩躁，但是下定決心之後就不會輕易放棄的獅子座毅力，有時可以彌補牡羊座容易厭倦的缺點。

**處女座**和牡羊座毫無共通點。

對方非常細心、纖細，有點悲觀膽怯卻又非常現實；同時也是頑固地開發自己做法的技術者，最大的心願是「想要帶給他人影響」。相較於以「自己」爲中心的牡羊座，處女座的世界是構築於「他者與自己」。如果能瞭解這項相異點可能會深受對方吸引，或是靈活運用雙方的差異。

**天秤座**的決斷能力和行動力與牡羊座一致。

其實天秤座的人非常容易猶豫，但是對方不想讓人看到那一面。他們總是態度堅決，就連思考的時候都坦白說：「還在考慮。」因此牡羊座應該不會爲此煩躁。但是相較於天秤座的人以「整體」爲考量，牡羊座習慣以「自己」爲中心考量。這並非代表牡羊座的人自我中心，而是因爲他們認爲所有人都是如此。牡羊座以「自己」爲中心思考，因爲他們相信「所有人都有以自我爲中心思考的權利，並且肯定這份權利」。但是天秤座的人將自己的視野置於「他人」當中。如果雙方能肯定彼此認知的差距，就能成爲最佳組合。雖然相異點多，共通點也多。

**天蠍座**之於牡羊座和處女座一樣，基本上沒有任何共通點。謎樣般的天蠍座甚至會讓牡羊座的人覺得過於複雜。但是有時也會深受這種不可言喻的魅力深深吸引。雖然開頭說兩者沒有共通點，其實還是有一項特徵一致，那就是強烈的力量與貪婪。為了達成夢想而徹底奮鬥的精力是兩者共通點。彼此互相吸引可能是因為性慾發揮強大的力量。牡羊座和天蠍座都是「火星的同伴」。

**射手座**和牡羊座都容易興奮而且都很開朗，「毋須詳細說明」，情緒就能輕易高漲。

但是相較於牡羊座的「主動行動」，射手座的人多少傾向被動。此外，牡羊座已經是不太在意細節的個性，射手座則是更加樂觀和隨興，有時候難免讓人擔心：「這個人沒問題吧？」兩人一起行動可以挑戰所有危險的事物，也因此失敗時會跌得更重。如果牡羊座的人不喜歡射手座，多半是因爲「同性相斥」所致。

**摩羯座**和牡羊座在行動力、充滿主見和追求目的的強烈意志上一致。

但是摩羯座的人更加愼重和在意成果。牡羊座較喜歡五五波的比賽，就算對方看起來很強也想「拚拚看」，但是摩羯座的人從「一開始就不參加不會贏的比賽」。因此兩人可能會因爲設定目標與成果評價而意見相左。但是如果兩人的力量能夠互補的話，大概做什麼事情都能成功，發揮極大的實踐能力。

**水瓶座**和牡羊座的共通點是，旺盛的好奇心和年輕敏銳的感性。

對方獨特的創意可以逗牡羊座開心，也能刺激熊熊熱情。他們充滿刺激的點子能讓牡羊座像冒險家一般蠢蠢欲動，但是水瓶座的人有些愛講道理。此外，他們和獅子座與金牛座一樣，「有自己的步調」。雙方在一起的時候，可能會發生當牡羊座已經想衝鋒陷陣時，對方可能還拖拖拉拉地綁鞋帶的差異。另一方面，水瓶座非常個人主義，可能會默默地突然走掉或是擅自行動。這些行爲可能會激怒牡羊座。接受彼此都是自由的個人和瞭解對方的行爲模式，就能建立非常有趣的關係。

**雙魚座**和牡羊座個性迴然不同，可能會因此覺得對方充滿神祕感。

但是兩人純粹的心靈非常相似。雙方有時甚至會置個人利害於度外，或是過於直率地執行自己認爲正確的行爲。但是很難把握雙魚座的中心價值，因爲對方有時候甚至會認爲「失敗才是正確的」。你們可能會因爲相異而相吸，也可能會因爲難以理解相異點而感情不睦。雙魚座行動的原點在於「感情」，重視心情勝於邏輯。充滿執著，容易受傷，卻又非常溫柔。牡羊座可能覺得對方看起來非常不安定，有時候甚至會想守護他們。

## 理解牡羊座的人

重視牡羊座的人應該可以打從心底理解那些激烈和純粹。就算做得稍微過頭，對方也能認爲那是你的長處。嚴厲的言詞與憤怒的情感都是讓你更加閃耀的「能量來源」。

如果你在喜歡的人身邊覺得「必須壓抑自己的激烈」，那就表示對方沒有接納眞正的你。天眞地大笑，打從心底憤慨，有想要的東西就伸手去拿。隨心所欲的你最是充滿魅力。

全力衝刺能爲你帶來喜悅，也是生存的價値所在。同時心情掉落谷底，徹底地怠惰與停下腳步，也是「你的特質」之一。

愛你的人應該能夠理解這一切。你最大的優點就在於不需要懷疑你的善意。

你不會欺騙，也不會欺瞞。你的心靈在十二星座當中最爲透明。如同火焰的顏色不會混濁，你的心靈也不可能混濁。

愛你的人就是明白這點的人。

同時對方也是能讓你更加發光發亮，守護激烈的你的人。

## 牡羊座的小孩

如果母親與小孩的個性截然不同，可能會造成母親不安或是不斷否定批判孩子。因此瞭解母親與孩子個性的差異有其必要性。

但是依靠占星術瞭解孩子並非好事，可能會造成無意間將小孩的可能性、個性與適性定型。我不贊成透過觀察小孩現狀以外的方式分析「孩子爲何種人」。

此外，占星術認爲分析小孩的個性不是藉由太陽星座，而是根據月亮或是金星星座，母親的月亮星座經常反映在孩子身上。星座命盤當中，「月亮星座」同時象徵「母親」與「童年」。

希望大家瞭解上述的前提之後，再來閱讀以下關於牡羊座的孩子容易出現的傾向。請大家瞭解下述的說明可能有一部分符合，也有可能完全不符合。每個孩子都有自己的個性。希望大家能夠明白孩子的個性不是光憑占星術就能瞭解。

牡羊座的小孩基本上都坐不住。不分男女都很調皮，喜愛反抗，只憑自己的意志行動；多半好勝心強，容易起爭執，充滿挑戰精神，膽子大。好勝心如果朝正面發展，就會變得充滿正義感，一心一意專注於學習或社團活動等喜愛的事物。

另一方面，好勝心也會讓牡羊座的小孩在偏離軌道時，朝向自己覺得「很酷」的方向前進。牡羊座的孩子最關心的就是帥氣與否和輸贏。他們坦率地憧憬英雄或帥氣的事物，對憧憬的事物盡忠。

牡羊座的孩子在失敗時會徹底沮喪，深受傷害。但是對於他們而言，「失敗」也是重要的經驗。最重要是讓孩子知道認輸的必要性，與失敗的時候家人絕對會全力支持他們。

## 未來

這裡稍微說明由牡羊座所看到的「今後」。

接下來每年都會產生一些正向的發展，例如二〇一四年是家庭與家人；二〇一五年是愛情。二〇一六年的秋季開始是「投入外界」的時機。

此外，你在二〇一八年到二〇二〇年之間，事業和社會地位都會更上一層樓，活耀於更加廣大的舞台。

二〇二一年會發生占星界大事——「Great conjunction（土星與木星接近）」。對於牡羊座的人而言，這件事情會發生於共享未來夢想的朋友相處的地點。

在這段期間，牡羊座至今努力的成果會帶來規模更加龐大的未來。

# 結語

我不知道占星術是否準確。

有人覺得準，也有人覺得不準。

至少占卜缺乏任何科學根據。

我雖然書寫占卜類的書籍，但是問我「是否相信占卜」，我會回答：「我不相信。」因爲沒有任何值得相信的理由。

但是占卜自古以來一直存在於人類身邊，相信大家小時候都曾踢鞋子預測明天的天氣（譯註：一種日本人預測天氣的遊戲，正面代表晴天，底部代表雨天，橫躺表示陰天。）或是摘花瓣猜測對方的心意。

人的心分爲三個「世界」。

一個是「已知的世界」，另一個是「未知但是總有一天會瞭解的世界」，最後則是「絕對無法得知的世界」。

「科學的思考」支配現代社會，否定第三種世界。因爲現代人相信只要科學發達、反覆鑽研，總有一天能夠瞭解全世界。

可是人心直到今日依舊對於「絕對無法得知的世界」抱持敬畏的態度，相信它的存在。這個世界裡居住著精靈、亡者、妖怪、妖精、惡龍與法師。這種想法使得就算是具備科學思考能力的人，也會舉行上梁儀式與新年參拜等具備魔法意味的儀式。

占星術也是屬於妖精世界的行爲。

妖精是不屬於現實的存在，不具生產性也不科學。可是我們的心靈依舊追求妖精的存在，妖精也會利用不可思議的魔法施予我們爲了生存所需的力量。

占星術是「妖精的法術」，也是當你覺得有些疲倦時，能爲心靈帶來美好的魔法。

# 太陽星座查詢表

（1930 年～ 2013 年 / 台灣時間）

太陽進入牡羊座的時間整理如下。
在此時間以前爲雙魚座，在此時間之後爲金牛座。

| 誕生年 | 進入牡羊座的時間 |
|---|---|
| 1948 | 3/21 00:57~4/20 12:24 |
| 1949 | 3/21 06:48~4/20 18:16 |
| 1950 | 3/21 12:34~4/20 23:57 |
| 1951 | 3/21 18:26~4/21 05:46 |
| 1952 | 3/21 00:13~4/20 11:34 |
| 1953 | 3/21 06:00~4/20 17:23 |
| 1954 | 3/21 11:53~4/20 23:18 |
| 1955 | 3/21 17:35~4/21 04:57 |
| 1956 | 3/20 23:21~4/20 10:43 |
| 1957 | 3/21 05:16~4/20 16:40 |
| 1958 | 3/21 11:06~4/20 22:26 |
| 1959 | 3/21 16:55~4/21 04:15 |
| 1960 | 3/20 22:42~4/20 10:04 |
| 1961 | 3/21 04:32~4/20 15:54 |
| 1962 | 3/21 10:30~4/20 21:50 |
| 1963 | 3/21 16:20~4/21 03:35 |
| 1964 | 3/20 22:09~4/20 09:26 |
| 1965 | 3/21 04:05~4/20 15:25 |

| 誕生年 | 進入牡羊座的時間 |
|---|---|
| 1930 | 3/21 16:30~4/21 04:04 |
| 1931 | 3/21 22:07~4/21 09:39 |
| 1932 | 3/21 03:54~4/22 15:27 |
| 1933 | 3/21 09:43~4/20 21:17 |
| 1934 | 3/21 15:28~4/21 02:59 |
| 1935 | 3/21 21:18~4/21 08:49 |
| 1936 | 3/21 02:57~4/20 14:29 |
| 1937 | 3/21 08:45~4/20 20:17 |
| 1938 | 3/21 14:43~4/21 02:13 |
| 1939 | 3/21 20:29~4/21 07:54 |
| 1940 | 3/21 02:23~4/20 13:49 |
| 1941 | 3/21 08:21~4/20 19:50 |
| 1942 | 3/21 14:10~4/21 01:37 |
| 1943 | 3/21 20:02~4/21 07:30 |
| 1944 | 3/21 01:48~4/20 13:15 |
| 1945 | 3/21 07:37~4/20 19:05 |
| 1946 | 3/21 13:32~4/21 01:00 |
| 1947 | 3/21 19:13~4/21 06:38 |

| 誕生年 | 進入牡羊座的時間 |
| --- | --- |
| 1990 | 3/21 05:19~4/20 16:26 |
| 1991 | 3/21 11:01~4/20 22:07 |
| 1992 | 3/20 16:47~4/20 03:55 |
| 1993 | 3/20 22:41~4/20 09:48 |
| 1994 | 3/21 04:28~4/20 15:36 |
| 1995 | 3/21 10:15~4/20 21:22 |
| 1996 | 3/20 16:03~4/20 03:10 |
| 1997 | 3/20 21:55~4/20 09:03 |
| 1998 | 3/21 03:54~4/20 14:56 |
| 1999 | 3/21 09:45~4/20 20:45 |
| 2000 | 3/20 15:34~4/20 02:38 |
| 2001 | 3/20 21:31~4/20 08:34 |
| 2002 | 3/21 03:16~4/20 14:20 |
| 2003 | 3/21 09:00~4/20 20:03 |
| 2004 | 3/20 15:48~4/20 01:49 |
| 2005 | 3/20 20:34~4/20 07:37 |
| 2006 | 3/21 02:25~4/20 13:25 |
| 2007 | 3/21 08:06~4/20 19:06 |
| 2008 | 3/20 13:47~4/20 00:49 |
| 2009 | 3/20 19:43~4/20 06:43 |
| 2010 | 3/21 11:34~4/20 12:30 |
| 2011 | 3/21 07:22~4/20 18:18 |
| 2012 | 3/20 13:16~4/20 00:12 |
| 2013 | 3/20 19:03~4/20 06:03 |

| 誕生年 | 進入牡羊座的時間 |
| --- | --- |
| 1966 | 3/21 09:52~4/20 21:10 |
| 1967 | 3/21 15:36~4/21 02:54 |
| 1968 | 3/20 21:21~4/20 08:39 |
| 1969 | 3/21 03:08~4/20 14:25 |
| 1970 | 3/21 08:56~4/20 20:14 |
| 1971 | 3/21 14:38~4/21 01:53 |
| 1972 | 3/20 20:20~4/20 07:36 |
| 1973 | 3/21 02:12~4/20 13:29 |
| 1974 | 3/21 08:06~4/20 19:17 |
| 1975 | 3/21 13:56~4/21 01:06 |
| 1976 | 3/20 19:49~4/20 07:01 |
| 1977 | 3/21 01:42~4/20 12:55 |
| 1978 | 3/21 07:34~4/20 18:49 |
| 1979 | 3/21 13:22~4/21 00:35 |
| 1980 | 3/20 19:09~4/20 06:22 |
| 1981 | 3/21 01:02~4/20 12:17 |
| 1982 | 3/21 06:55~4/20 18:06 |
| 1983 | 3/21 12:38~4/20 23:49 |
| 1984 | 3/20 18:23~4/20 05:36 |
| 1985 | 3/21 00:14~4/20 11:24 |
| 1986 | 3/21 06:03~4/20 17:11 |
| 1987 | 3/21 11:52~4/20 22:57 |
| 1988 | 3/20 17:39~4/20 04:45 |
| 1989 | 3/20 23:28~4/20 10:38 |

命理與人生
CBC0132

# 認識眞正的你—牡羊座

作者—石井緣
繪者—須藤碧悟
譯者—陳令嫻
責任編輯—楊佩穎
台灣版美術設計—徐小碧
校對—楊佩穎、李曉娣
執行企劃—張燕宜、林倩聿
董事長—趙政岷
總經理—
總編輯—余宜芳

出版者—時報文化出版企業股份有限公司
（一〇八〇三）台北市和平西路三段二四〇號四樓
發行專線—（〇二）二三〇六—六八四二
讀者服務專線—〇八〇〇—二三一—七〇五
（〇二）二三〇四—七一〇三
讀者服務傳眞—（〇二）二三〇四—六八五八
郵撥—一九三四四七二四時報文化出版公司
信箱—台北郵政七九～九九信箱
時報悅讀網—www.readingtimes.com.tw
電子郵件信箱—ctliving@readingtimes.com.tw
時報出版臉書—https://www.facebook.com/readingtimes.fans
時報出版生活線臉書—http://www.facebook.com/ctgraphics
法律顧問—理律法律事務所　陳長文律師、李念祖律師
印　刷—盈昌印刷有限公司
初版一刷—二〇一四年十月九日
定　價—新台幣二二〇元
行政院新聞局局版北市業字第八〇號


認識眞正的你—牡羊座 / 石井緣著 ; 陳令嫻譯 . -- 初版 . -- 臺北市 : 時報文化, 2014.10
面 ; 公分 . -- (命理與人生 ; CBC0132)
ISBN 978-957-13-6047-8 (精裝)
占星術
292.22 103015291

Aries